PRIMARY SOURCE READERS

Esclavitud en los Estados Unidos

Marie Patterson

Autora colaboradora
Jill K. Mulhall, M. Ed.

Gerente de proyectos editoriales
Emily R. Smith, M.A. Ed.

Asesora de proyectos
Corinne Burton, M.A. Ed.

Investigadora de proyectos
Gillian Eve Makepeace

Editora en jefe
Sharon Coan, M.S. Ed.

Directora/diseñadora artística
Lee Aucoin

Diseñadora
Lesley Palmer

Editora comercial
Rachelle Cracchiolo, M.S. Ed.

Créditos de imágenes

portada The Granger Collection, Nueva York; pág. 1 The Granger Collection, Nueva York; pág. 3 The Granger Collection, Nueva York; pág. 4 The Granger Collection, Nueva York; pág. 5 The Granger Collection, Nueva York; pág. 6 The Library of Congress; pág. 7 The Granger Collection, Nueva York; pág. 8 The Granger Collection, Nueva York; pág. 9 (arriba) The Granger Collection, Nueva York; pág. 9 (abajo) Jim Steinhart en www.TravelPhotoBase.com; pág. 10 The Library of Congress; pág. 10 The Library of Congress; pág. 12 The Library of Congress; pág. 13 The Granger Collection, Nueva York; pág. 14 (izquierda) Clipart.com; pág. 14 (centro) Clipart.com; pág. 14 (derecha) Clipart.com; pág. 15 The Library of Congress; pág. 16 The Granger Collection, Nueva York; pág. 17 The Library of Congress; pág. 18 Clipart.com; pág. 19 The Granger Collection, Nueva York; pág. 20 Images of American Political History; pág. 21 (izquierda) Clipart.com; pág. 21 (derecha) The Library of Congress; pág. 22 The Library of Congress; pág. 23 The Library of Congress; contraportada The Library of Congress

Teacher Created Materials
5301 Oceanus Drive
Huntington Beach, CA 92649-1030
http://www.tcmpub.com
ISBN 978-1-4938-1658-3
© *2016 Teacher Created Materials, Inc.*

Esclavitud en los Estados Unidos

Marie Patterson, M.S. Ed.

Índice

Esclavitud en el Nuevo Mundo 3

Esclavitud: Nada nuevo 4–5

De África a las plantaciones 6–7

La esclavitud crece en el Sur .8–9

Cómo vivían los esclavos 10–11

Nacidos en la esclavitud 12–13

¿Quiénes eran los abolicionistas? 14–15

El Ferrocarril Subterráneo 16–17

Sin lugar en la sociedad 18–19

La lucha por liberar a los esclavos 20–21

Proclamación de la libertad 22–23

Glosario 24

Índice analítico 25

Esclavitud en el Nuevo Mundo

Los europeos enviaron esclavos al continente americano por primera vez en el siglo XVI. Los esclavos no tuvieron el nuevo comienzo que tuvieron las otras personas que llegaban a la nueva tierra. En realidad, comenzaron vidas difíciles de **servidumbre**. Para 1860, había cuatro millones de esclavos en Estados Unidos. La mayoría estaba destinada a vivir vidas difíciles, sin derechos ni opciones.

▼ Los esclavos de Estados Unidos fueron finalmente liberados en 1863.

Esclavitud: Nada nuevo

La esclavitud ha existido durante mucho tiempo. En el pasado, no había máquinas para ayudar a las personas a hacer su trabajo. Los propietarios de negocios y granjas necesitaban muchos trabajadores para tener éxito. Por eso, la gente poderosa hacía que la gente pobre trabajara para ella. Cuando los trabajadores no recibían dinero por su trabajo, eso se llamaba esclavitud.

Los pobladores de las colonias norteamericanas no eran distintos. Establecerse en la nueva tierra requería mucho trabajo. Decidieron traer africanos a las colonias para que ayudaran con el trabajo. A comienzos del siglo XVII, los africanos fueron traídos como **sirvientes por contrato**. Esto significaba que serían liberados después de trabajar entre cuatro y siete años.

▼ Mercado de esclavos africanos

Comercio triangular

El comercio transatlántico de esclavos constaba de tres partes. Los productos que se comercializaban se enviaban de Europa a África. Luego, los africanos eran enviados como esclavos para trabajar en el continente americano. Por último, los productos de América volvían a Europa.

▼ Se capturaban habitantes de aldeas africanas para el tráfico de esclavos.

Traficantes africanos

Los capitanes de los barcos de esclavos conseguían a los cautivos a través de hombres africanos llamados traficantes. Estos traficantes secuestraban a sus cautivos de aldeas de África. Vendían a su propia gente por armas, metales o alcohol.

Tiempo después, comenzó el comercio transatlántico de esclavos. El tráfico de esclavos fue un negocio muy **rentable**. Barcos británicos y coloniales viajaban a África. Allí, los traficantes recogían los **cautivos** humanos. Estos hombres, mujeres y niños habían sido secuestrados de sus hogares. Eran puestos en barcos y los llevaban a las colonias.

Los africanos eran muy trabajadores. Sabían cultivar durante el clima cálido y en tierras pantanosas. Los propietarios de los esclavos sabían que podían hacerse ricos con el trabajo de los esclavos.

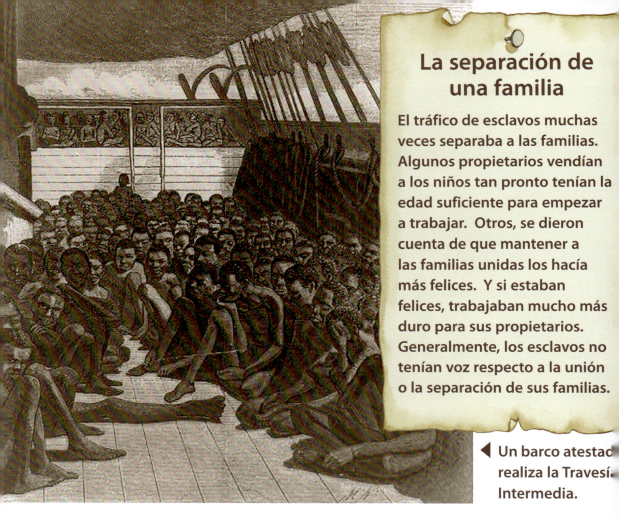

La separación de una familia

El tráfico de esclavos muchas veces separaba a las familias. Algunos propietarios vendían a los niños tan pronto tenían la edad suficiente para empezar a trabajar. Otros, se dieron cuenta de que mantener a las familias unidas los hacía más felices. Y si estaban felices, trabajaban mucho más duro para sus propietarios. Generalmente, los esclavos no tenían voz respecto a la unión o la separación de sus familias.

◀ Un barco atestad realiza la Travesí Intermedia.

De África a las plantaciones

Los africanos atravesaban el océano en barcos de esclavos El viaje se llamaba la Travesía Intermedia. Los traficantes querían ganar todo el dinero que fuera posible. Para ello, subían a sus barcos tantos cautivos como podían. No les daba suficiente comida ni agua. Muchos africanos morían durante este terrible viaje.

Cuando los barcos llegaban a las colonias, los traficantes vendían a los cautivos. A veces, los africanos eran vendidos en **subastas de esclavos**. En estas subastas, los cautivos formaban una fila. Entonces, los terratenientes adinerados hacían una **oferta** por los cautivos para comprarlos. El que ofrecía la mayor cantidad de dinero se adueñaba de un nuevo esclavo.

Los esclavos se consideraban una propiedad, igual que un mueble o un caballo. Los propietarios podían hacer lo que quisieran con los esclavos. Cuando el **amo** era propietario de un esclavo, podía tratarlo como quería. Esto significaba que el propietario podía vender sus esclavos cuando gustara.

Esta escena muestra una familia de esclavos que es separada durante una subasta.

La red de parentesco

Debido a que los propietarios podían vender a sus esclavos en cualquier momento, los esclavos desarrollaron una red de parentesco. Esto significaba que los esclavos de una plantación recibían a los nuevos esclavos y se ocupaban de cuidarlos. Al ayudar a los demás, esperaban que esa amabilidad fuera reconocida si los miembros de sus familias alguna vez eran vendidos.

La esclavitud crece en el Sur

Las grandes **plantaciones** del Sur necesitaban muchos trabajadores. Los propietarios de las plantaciones sabían que si utilizaban esclavos ahorraban dinero. El propietario debía dar a sus esclavos comida, ropa y refugio. A cambio, los esclavos hacían todo el trabajo de la casa y la granja.

Los propietarios también podían alquilar a sus esclavos a los propietarios de otras granjas y plantaciones. Esto era muy rentable. Los esclavos no recibían nada por este trabajo adicional

▼ Esclavos que usan una desmotadora

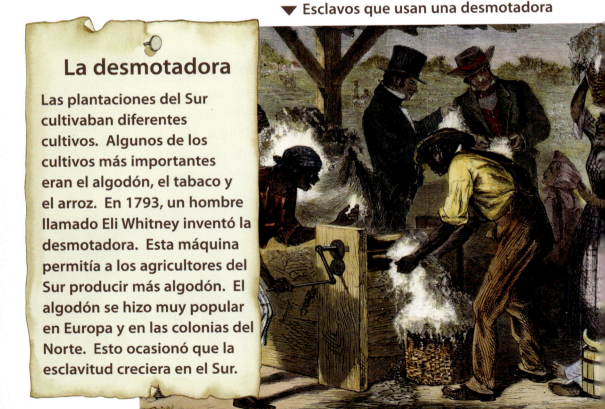

La desmotadora

Las plantaciones del Sur cultivaban diferentes cultivos. Algunos de los cultivos más importantes eran el algodón, el tabaco y el arroz. En 1793, un hombre llamado Eli Whitney inventó la desmotadora. Esta máquina permitía a los agricultores del Sur producir más algodón. El algodón se hizo muy popular en Europa y en las colonias del Norte. Esto ocasionó que la esclavitud creciera en el Sur.

El temor a la rebelión

A medida que la cantidad de esclavos aumentaba, los colonos temían que estos se rebelaran. Por eso, los propietarios blancos endurecieron su trato a los esclavos. Los propietarios azotaban y marcaban a sus esclavos para asustarlos.

▲ Esta imagen muestra a una mujer esclava mientras es marcada.

▼ Se secan plantas de tabaco en un granero colonial.

La demanda de esclavos aumentó a medida que la **agricultura** se expandió en el Sur. Esto aumentó el tráfico de esclavos. En otras palabras, los esclavos ayudaban a que los propietarios de las plantaciones se hicieran ricos. Por eso, los propietarios compraban más tierras y plantaban más cultivos. Entonces, necesitaban más esclavos para que trabajaran la tierra. Era un ciclo terrible.

Cómo vivían los esclavos

El día de un esclavo duraba 12 horas, seis días a la semana, todo el año. Los esclavos hacían todo lo que sus propietarios querían. Los esclavos de los campos hacían trabajos como limpiar las tierras, cultivar y trabajar en la minería. Otros eran entrenados para trabajos de construcción, trabajo con metal o con cuero. Este era un trabajo físico muy duro. Las mujeres trabajaban en los campos junto con los hombres.

▼ Esclavos que regresan de los campos al terminar el día

Otros esclavos trabajaban dentro de las casas. Los esclavos domésticos masculinos eran los sirvientes personales de sus amos. Las esclavas domésticas femeninas servían a sus amas. Los esclavos limpiaban, cosían, lavaban la ropa, atendían a los niños y cocinaban.

Los esclavos no podían ser dueños de nada ni ganar dinero. Ni siquiera podían casarse legalmente. Los propietarios mantenían a los esclavos separados de otras personas. Querían que los esclavos estuvieran **aislados**. Creían que esta era la mejor manera de controlarlos y prevenir los escapes.

▲ Muchos esclavos vivían juntos en pequeñas cabañas como esta.

La cultura de los esclavos

Los esclavos del Sur desarrollaron una **cultura** especial y única. Esta cultura incluía la religión, las canciones folclóricas y las danzas. Esto elevaba su ánimo y fomentaba la unión entre los esclavos. Esta cultura se estudia hasta el día de hoy para que podamos aprender más de la vida de los esclavos.

Nacidos en la esclavitud

Si una esclava tenía hijos, sus hijos también eran esclavos. Los propietarios esperaban que las familias de esclavos se hicieran cargo de sus propios hijos. Los propietarios querían que los niños crecieran para ser trabajadores fuertes. Algún día, estos niños harían dinero para sus propietarios.

Dependía de la madre cuidar y educar a cada hijo. Se suponía que las madres solo enseñarían a sus hijos las habilidades que necesitaban para trabajar. No se les permitía a los esclavos enseñ a sus hijos a leer ni a escribir

Cuidado de los niños

Los niños esclavos se quedaban en casa en una "guardería". A veces había entre 20 y 40 niños en la guardería. Por lo general, los esclavos que ya eran muy viejos para trabajar cuidaban a los niños. En estas guarderías, hacían manualidades, contaban historias y jugaban juegos. ¿Te suena parecido a algo que hacías cuando eras pequeño?

▼ Una fotografía de 1862 de esclavos junto a su cabaña

▼ Esclavos que cantan y bailan en su día libre

Día de descanso

La mayoría de los esclavos tenían libre el domingo. Les encantaba pasar ese día con su familia. Les gustaba pescar, cazar y luchar. Algunas familias se reunían con amigos y tocaban el banjo, cantaban, jugaban a las canicas e incluso apostaban.

Los propietarios blancos no querían que los esclavos aprendieran nada que los ayudara a trabajar juntos.

Durante el día, la mayoría de los esclavos niños se quedaba con los esclavos ancianos mientras los padres trabajaban. Algunos bebés iban a los campos atados en la espalda de sus madres. A otros, los llevaban al campo en canastas. Los niños esclavos debían empezar a trabajar para sus propietarios a la edad de cinco o seis años.

¿Quiénes eran los abolicionistas?

La Constitución de Estados Unidos se escribió en 1787. En esa época, los líderes del país debatían sobre la esclavitud. Los líderes del Sur convencieron a los otros para que mantuvieran la esclavitud legal.

Poco después, los líderes de las iglesias comenzaron a preguntarse si la esclavitud era algo correcto. El primer grupo en hablar en contra de la esclavitud fue el de los **cuáqueros**.

¿Declaración de Independencia?

Los estadounidenses estaban orgullosos de tener un país especial. Allí, las personas tenían el control de sus vidas. Podían tomar sus propias decisiones. La gente esperaba "la vida, la libertad y la búsqueda de la felicidad". Es difícil entender cómo un país tan orgulloso de haber ganado su libertad podía tener cautivas a millones de personas.

Abolicionistas famosos

William Lloyd Garrison

Harriet Beecher Stowe

Frederick Douglass

Fábricas a lo largo de un río en el Norte

Economía del Sur

Para las personas del Norte era más fácil dejar de usar esclavos. Su **economía** se basaba en las fábricas y en pequeñas haciendas. No necesitaban esclavos que hicieran el trabajo. Las personas del Sur dependían de los cultivos de sus plantaciones. Para ellas, los esclavos eran muy importantes. Los esclavos plantaban, cultivaban y cosechaban. Los esclavos eran una parte importante de la economía del Sur.

...uerían poner fin a la esclavitud en ...stados Unidos.

A comienzos del siglo XIX, la ...da estaba cambiando en Estados ...nidos. Las personas en las ...lonias del centro y del Norte no usaban esclavos. Sin embargo, las personas del Sur seguían ...gándose a terminar con la esclavitud en sus estados.

Muchas personas creyeron que había que obligar al Sur a ...rminar con la esclavitud. Estas personas se llamaron **abolicionistas**. ...eían que todos los esclavos debían ser libres.

Los abolicionistas sabían que enfrentarían una lucha en el Sur. ...s habitantes del Sur no querían que la esclavitud terminara. La ...ayoría de las personas creían que el tráfico y las subastas de ...clavos eran la peor parte de la esclavitud. Los abolicionistas ...cidieron atacar esa parte de la esclavitud primero. Tras un largo ...bate, se decidió que todo tipo de tráfico con esclavos en Estados ...nidos debía terminar antes de 1807.

▲ Esclavos que escapan en el Ferrocarril Subterráneo

El Ferrocarril Subterráneo

La conductora más famosa

Harriet Tubman fue una de las conductoras más famosas del Ferrocarril Subterráneo. Era una esclava que había logrado escapar sin ayuda. Después de escapar, volvió al Sur a ayudar a los miembros de su familia a escapar. Luego, hizo muchos viajes más para ayudar a otros esclavos. Era valiente e inteligente. Dirigió a más de 300 esclavos hacia la libertad.

Algunos esclavos intentaban escapar de sus propietarios. A la mayoría, la atrapaban y castigaban. A algunos incluso lo mataban. Escaparse resultó más fácil cuando los abolicionistas empezaron a ayudar.

Organizaron una ruta de escape desde los estados del Sur hacia los del Norte y Canadá. Esta ruta se llamó el "Ferrocarril Subterráneo".

Henry "Box" Brown

Una oficina antiesclavitud en Filadelfia, Pensilvania, recibió una caja misteriosa. Al abrirla, los trabajadores encontraron un hombre adentro. Un esclavo llamado Henry Brown se había enviado a sí mismo a la libertad en una caja de madera de tres pies (0.9 metros). El viaje duró más de 26 horas. ¡Qué gran idea!

Este Ferrocarril Subterráneo no tenía vías como un ferrocarril normal. Era un "ferrocarril" porque tenía muchas paradas en su viaje hacia la libertad. Era "subterráneo" porque era secreto. La persona que dirigía al grupo a la libertad en el ferrocarril subterráneo era el **conductor**. Los esclavos que viajaban en ese ferrocarril eran pasajeros.

Si un esclavo quería escapar, entonces un abolicionista se pondría en contacto con este en el Sur. Esta persona le diría al esclavo dónde ir para llegar a la primera parada de la ruta hacia el Norte. En cada parada del camino, se le diría al esclavo en fuga dónde estaba la siguiente parada. A veces, los esclavos debían esconderse en los árboles, pantanos o graneros. Muchas veces, los esclavos eran perseguidos por los cazadores de esclavos.

Algunos abolicionistas solo daban información. Otros, escondían a los esclavos en sus casas, y les daban comida y ropa. Unos pocos eran conductores. Todas estas personas arriesgaban la vida para ayudar a otros a obtener la libertad.

Sin lugar en la sociedad

¿Quiénes eran las personas negras libres a mediados del siglo XIX? Algunas eran esclavos que habían escapado. Otras, habían sido liberadas por sus propietarios. Algunas incluso habían nacido libres. La mayoría de los negros libres vivían en el Norte.

Era muy difícil para ellos la vida en la sociedad blanca. Muchas personas que pensaban que la esclavitud no debía existir, no creían que los negros fueran tan buenos como los blancos. Estas personas no querían que los negros libres se establecieran en el Norte. Los pobladores blancos del Norte creían que los negros libres se quedarían con sus trabajos.

Los abolicionistas debatían lo que harían con los negros libres. Algunos blancos creían que los negros no podían trabajar bien

¿Quién fue Dred Scott?

Dred Scott fue un esclavo. Durante sus años como esclavo, hizo algunos viajes con su dueño. Incluso vivió en **territorios** libres durante algunos años. Esto significa que vivió en lugares en los que la esclavitud era en contra de la ley. Con la ayuda de algunos abolicionistas, demandó para pedir su libertad. Creía que por haber vivido en áreas libres, tenía que ser libre. En 1857, el caso llegó hasta la Corte Suprema de Estados Unidos. Scott perdió el caso, pero fue muy importante en los años previos a la guerra de Secesión.

Dred Scott

supervisión. También creían que las personas negras no tenían habilidades. Grupos abolicionistas intentaron organizar escuelas para enseñar a los negros a leer y escribir.

Un grupo coordinó esfuerzos para comprar tierra en África. A esta nueva colonia la llamaron Liberia. Planearon mandar a vivir allí a los negros libres. Pensaron que era un buen plan, pero la mayoría de los negros no quería volver a África. Querían una oportunidad en Estados Unidos. Sentían que habían ayudado a construir este país fuerte y nuevo, y querían oportunidades. Desafortunadamente, en general no sucedió de esa manera. Para 1850, solo el 10 por ciento de los negros en Estados Unidos eran libres. Y los que eran libres trabajaban por menos dinero que los blancos.

> ### Esclavos fugitivos
> La ley de esclavos fugitivos se promulgó en 1850. La ley establecía que cualquier esclavo que huyera de su propietario debía ser devuelto. Por eso, algunas veces, los esclavos que escapaban al Norte eran devueltos a las plantaciones del Sur. Esto hacía la vida de los negros mucho más difícil en todas partes.

◀ Algunos negros libres volvieron a África para comenzar un nuevo país. Estos barcos están llegando a Liberia.

19

La lucha por liberar a los esclavos

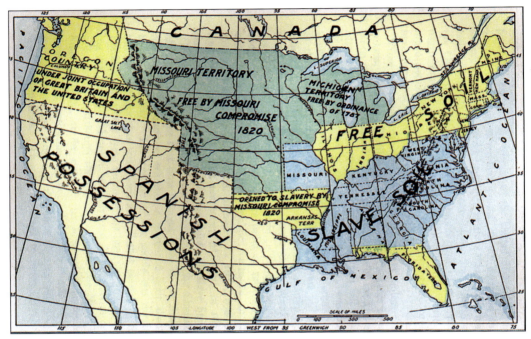

▲ Mapa de Estados Unidos de 1820

Durante el siglo XIX, muchos estados nuevos se sumaron a la Unión. Los abolicionistas del Norte no querían que estos nuevos estados tuvieran esclavitud. Las personas del Sur sentían que los colonizadores debían decidir las leyes de sus propios estados. Los habitantes del Sur no querían que los estados libres tuvieran más representantes en el Congreso. Les preocupaba que el Congreso prohibiera la esclavitud por completo.

El conflicto entre el Norte y el Sur aumentó en el siglo XIX. Pronto, la gente ya no solo debatía los problemas; se peleaba a causa de la esclavitud.

Esta es una edición de 1864 del periódico de Garrison, *The Liberator*.

William Lloyd Garrison

Arresten a ese hombre

William Lloyd Garrison fue un abolicionista famoso. Publicaba un periódico semanal llamado *The Liberator*. En este periódico, escribía que la esclavitud era horrible e incorrecta. Su periódico se volvió muy importante. A los pobladores del Sur no les gustaba Garrison debido a sus creencias. Georgia incluso ofreció $5,000 por su arresto.

A finales de la década de 1860, los pobladores del Sur ya estaban cansados de discutir con los pobladores del Norte. No les gustaba que los pobladores del Norte les dijeran qué hacer todo el tiempo. El Sur decidió dejar la Unión. Esto llevó a la guerra de Secesión de Estados Unidos.

Secesión

Carolina del Sur fue el primer estado en separarse. Entre diciembre de 1860 y mayo de 1861, once estados se separaron. La palabra *secesión* significa retirarse o abandonar un grupo. Entonces, los estados del Sur se estaban retirando de Estados Unidos de América. Formaron su propio país y lo llamaron los Estados Confederados de América. Hasta eligieron a su propio presidente.

Proclamación de la libertad

▲ Abraham Lincoln

¿Qué es un estado fronterizo?

Los estados fronterizos eran los estados esclavistas vecinos de los estados donde la esclavitud estaba prohibida. Durante la guerra de Secesión, la mayoría de estos estados permaneció en la Unión. Delaware, Maryland, Kentucky y Misuri no se independizaron con los otros estados esclavistas. Permanecieron dentro de Estados Unidos.

En 1861, Abraham Lincoln se convirtió en el 16.º presidente de Estados Unidos. Creía que el principal objetivo de la guerra de Secesión era mantener al país unido. Lincoln creía que la esclavitud estaba mal. Per no quería perder el apoyo de los **estados fronterizos**. Por eso debía tener much cuidado con la forma en q pondría fin a la esclavitud.

En septiembre de 1862, el presidente Lincol anunció la **Proclamación de Emancipación**. Este documento establecía que "todas las personas que estén retenidas como esclavos dentro de cualqu estado . . . en rebelión contra Estados Unidos, deberán ser . . . libres para siempre". Esta es una manera formal de decir que los esclavos de los estados del Sur eran libres. Los esclavos de los estados fronterizos no eran libres. Lincoln no quería que el Norte perdiera el apoyo de esos estados.

El presidente Lincoln temía que la Proclamación de Emancipación perdiera el poder al terminar la guerra. Entonces trabajó para que se redactara la Decimotercera **Enmienda** de la Constitución. En 1865, esta ley puso fin a la esclavitud en Estado Unidos. Los estadounidenses ya no podían volver a tener esclavos nunca más.

Los esclavos habían hecho un viaje largo y difícil desde África hasta Estados Unidos. Algunos africanos jamás volvieron a ver la libertad. Otros, lucharon todos los días de sus vidas por ser libres. Aprender sobre la esclavitud nos enseña una lección importante. Todos debemos respetar las libertades y los derechos de todos los seres humanos.

Enmiendas de la Constitución

El congresista Thaddeus Stevens quería la igualdad para los negros. En el Congreso, luchó por la Decimocuarta Enmienda de la Constitución. Esta ley garantizaba que los hombres de color tuvieran los mismos derechos que otros ciudadanos.

Thaddeus Stevens

Glosario

abolicionistas: personas que querían poner fin a la esclavitud

agricultura: la cultivación de la tierra

aislados: separados de todos los demás

amo: persona que era dueña de esclavos

cautivos: prisioneros; personas que eran retenidas contra su voluntad

conductor: un guía; alguien que sacaba a las personas de la esclavitud en el Ferrocarril Subterráneo

cuáqueros: religión amante de la paz cuyos miembros se oponían a la esclavitud

cultura: las tradiciones y creencias de un grupo de personas

economía: las actividades de un área que están relacionadas con el dinero

emancipación: liberación

enmienda: cambio o agregado de la Constitución de Estados Unidos

estados fronterizos: estados esclavistas que limitaban con estados libres

oferta: la propuesta de dinero por algo

plantaciones: grandes granjas que producen cultivos por dinero

proclamación: anuncio oficial del gobierno

rentable: que produce mucho dinero

secesión: separación de algo; cuando algunos estados dejaron la Unión

servidumbre: situación en la que alguien no tiene libertades

sirvientes por contrato: personas que trabajaban para otras para obtener su libertad u obtener propiedades

subastas de esclavos: ventas públicas en las que las personas compraban esclavos

territorios: áreas del país que estaban colonizadas por estadounidenses, pero que todavía no se habían incorporado a la Unión

Índice analítico

abolicionistas, 14–15; 16–17; 18–19; 20–21

África/africanos, 3; 4–5; 6–7; 18–19; 22–23

Brown, Henry, 16–17

comercio transatlántico de esclavos, 4–5

Constitución de Estados Unidos, 14–15; 22–23

Corte Suprema de Estados Unidos, 18–19

cuáqueros, 14–15

cultura de los esclavos, 10–11

Decimocuarta Enmienda, 22–23

Decimotercera Enmienda, 22–23

Declaración de Independencia, 14–15

desmotadoras, 8–9

Douglass, Frederick, 14–15

esclavos en los campos, 10–11

esclavos en los hogares, 10–11

Estados Confederados de Estados Unidos, 20–21

estados fronterizos, 22–23

Ferrocarril Subterráneo, 16–17

Garrison, William Lloyd, 14–15; 20–21

guerra de Secesión, 18–19; 20–21; 22–23

ley del esclavo fugitivo, 18–19

Liberator, The, 20–21

Liberia, 18–19

Lincoln, Abraham, 22–23

negros libres, 18–19

plantaciones, 8–9; 14–15

Proclamación de Emancipación, 22–23

red de parentesco, 6–7

Scott, Dred, 18–19

secesión, 20–21

sirvientes por contrato, 4–5

Stevens, Thaddeus, 22–23

Stowe, Harriet Beecher, 14–15

subastas de esclavos, 6–7

Travesía Intermedia, 6–7

Tubman, Harriet, 16–17

Whitney, Eli, 8–9

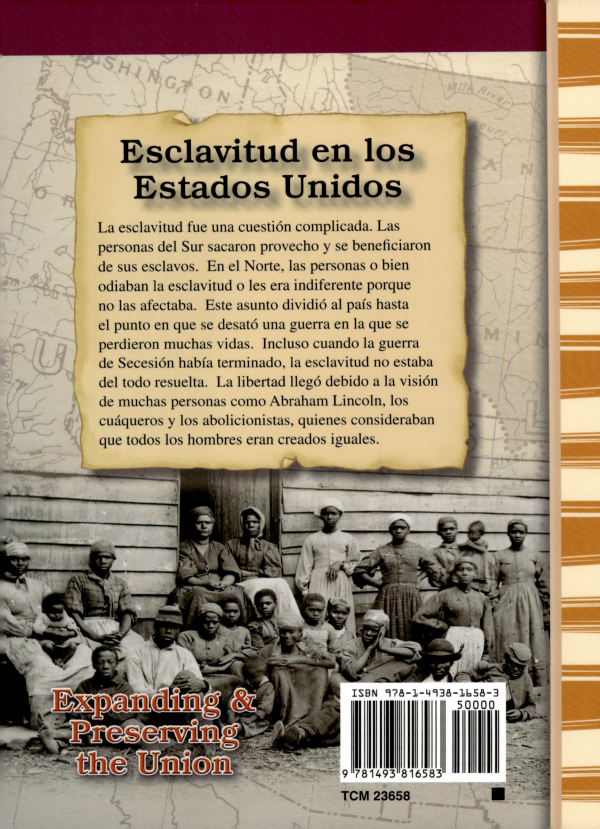

Esclavitud en los Estados Unidos

La esclavitud fue una cuestión complicada. Las personas del Sur sacaron provecho y se beneficiaron de sus esclavos. En el Norte, las personas o bien odiaban la esclavitud o les era indiferente porque no las afectaba. Este asunto dividió al país hasta el punto en que se desató una guerra en la que se perdieron muchas vidas. Incluso cuando la guerra de Secesión había terminado, la esclavitud no estaba del todo resuelta. La libertad llegó debido a la visión de muchas personas como Abraham Lincoln, los cuáqueros y los abolicionistas, quienes consideraban que todos los hombres eran creados iguales.

Expanding & Preserving the Union

ISBN 978-1-4938-1658-3

TCM 23658